내가 좋아하는 프랙탈
1권
저자: 데이빗 E. 맥아담스

이 책의 이미지는 Fractal Forge 를 사용하여 만들어졌습니다. Fractal Forge 는 https://sourceforge.net/projects/fractalforge/에서 다운로드할 수 있습니다.

저작권 2024, Life is a Story Problem, LLC. 모든 권리 보유. 저작권 소유자의 명시적 서면 동의 없이는 이 문서의 어떠한 부분도 복사, 복제 또는 저장할 수 없습니다.

데이빗 E. 맥아담스"의 다른 책들

앵무새 색상 – 앵무새 그림을 활용한 색상 개념 소개. 미취학 아동용.

꽃의 색 – 꽃 그림을 이용한 색상 개념 소개. 미취학 아동용.

우주의 색상 – NASA 의 사진을 사용하여 색상 개념 소개. 미취학 아동용.

도형 – (영어로) 도형에 대한 소개입니다. 미취학 아동을 위한.

Numbers – (영어로) 숫자 개념 소개. K-2 학년용.

What is Bigger Than Anything? (Infinity) – (영어로) 무한의 개념에 대한 소개. 1-3 학년용.

Swing sets (Sets) – (영어로) 집합 이론 소개. 2-4 학년용.

One Penny, Two – (영어로) 제리의 페니가 매일 두 배로 늘어난다면, 그가 짙은 녹색 스프츠카를 살 수 있을 때까지 얼마나 걸릴까요? 3-6 학년용.

플레이머니 활동 키트로 학습하기 – $1,000,000 가 넘는 플레이 머니로 큰 숫자와 계산을 가르칩니다.

내가 좋아하는 프랙탈(1 권, 2 권) – 고해상도 이미지로 표현된 놀라운 프랙탈의 그림책. 모든 연령대에 적합합니다.

All Math Words Dictionary – (영어로) 전대수학, 대수학, 기하학, 미적분학 전 과목을 공부하는 학생을 위한 영어 수학 사전입니다.

파이의 첫 번째 백만 자리 – 파이의 첫 백만 자리. 모든 연령대를 위한.

오일러 수의 첫 백만 자리 – 오일러 상수 e 의 첫 백만 자리. 모든 연령대에 해당.

2 의 제곱근의 첫 번째 백만 자리 – 2 의 제곱근의 처음 백만 자리. 모든 연령대를 위한.

처음 십만 소수 – 첫 번째 10 만 개의 소수. 모든 연령대에 적합합니다.

기하학적 개발 활동 책 – 80 전개도 展開圖 복사하고, 잘라내고, 테이프로 붙여 3 차원 다면체로 만듭니다. 9 세 이상.

Geometric Nets Mega Project Book – (영어로) 253 전개도 展開圖 복사하고, 잘라내고, 테이프로 붙여 3 차원 다면체로 만듭니다. 9 세 이상.

최신 목록은 https://www.DEMcAdams.com 에서 확인하세요.

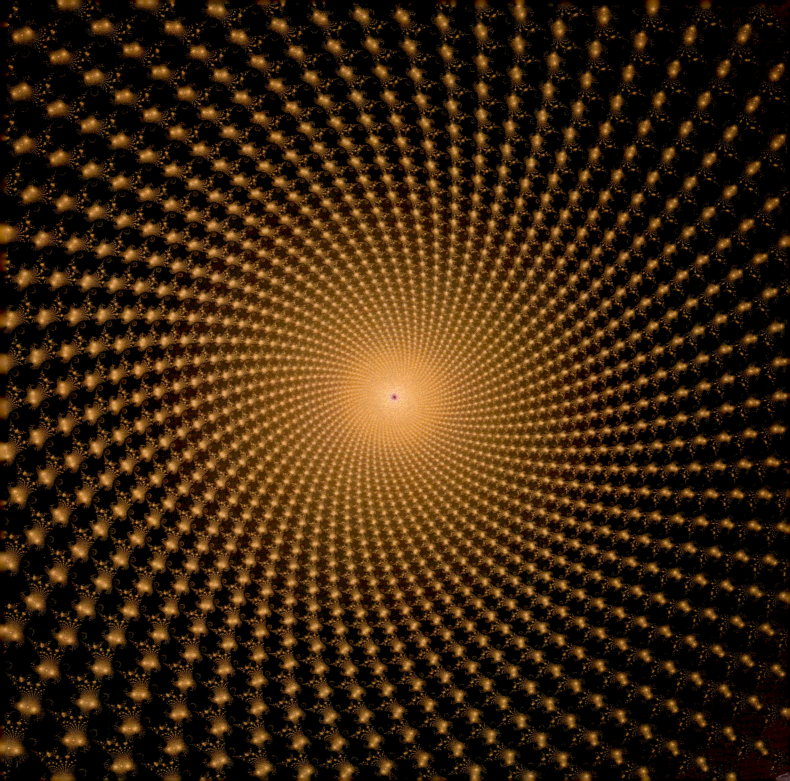

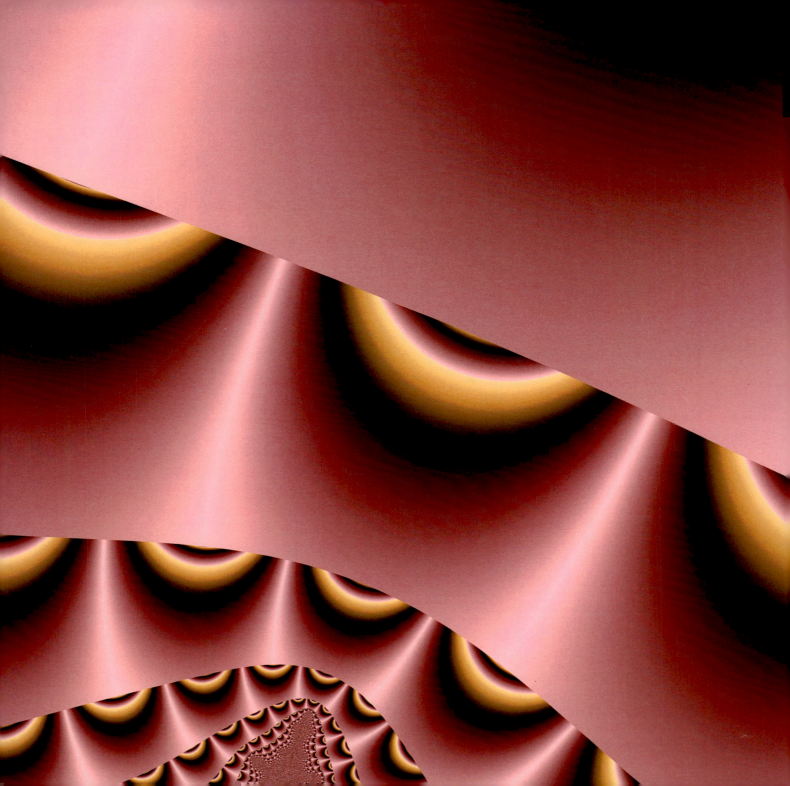

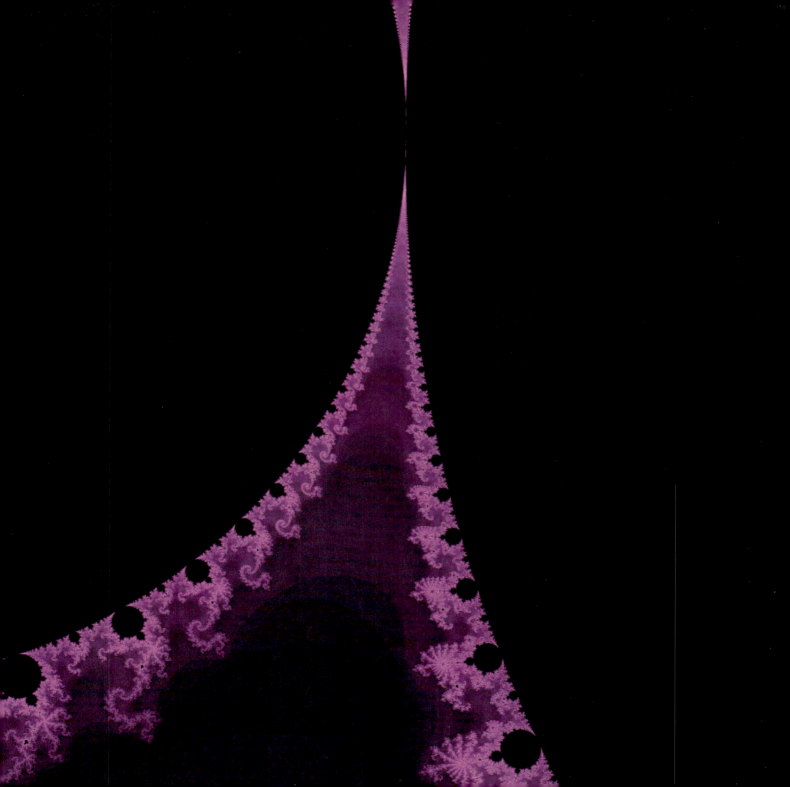

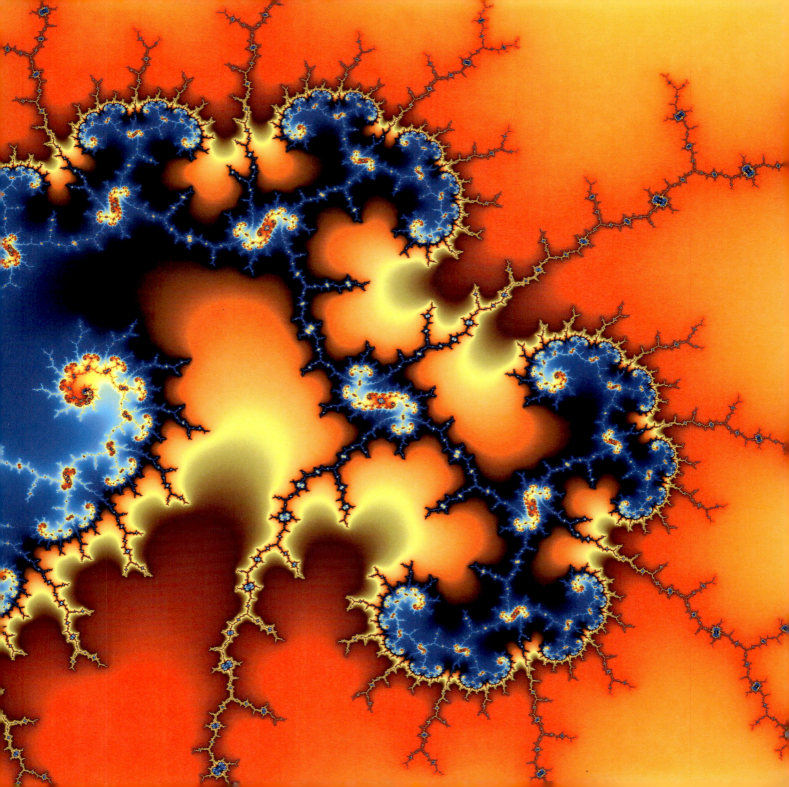

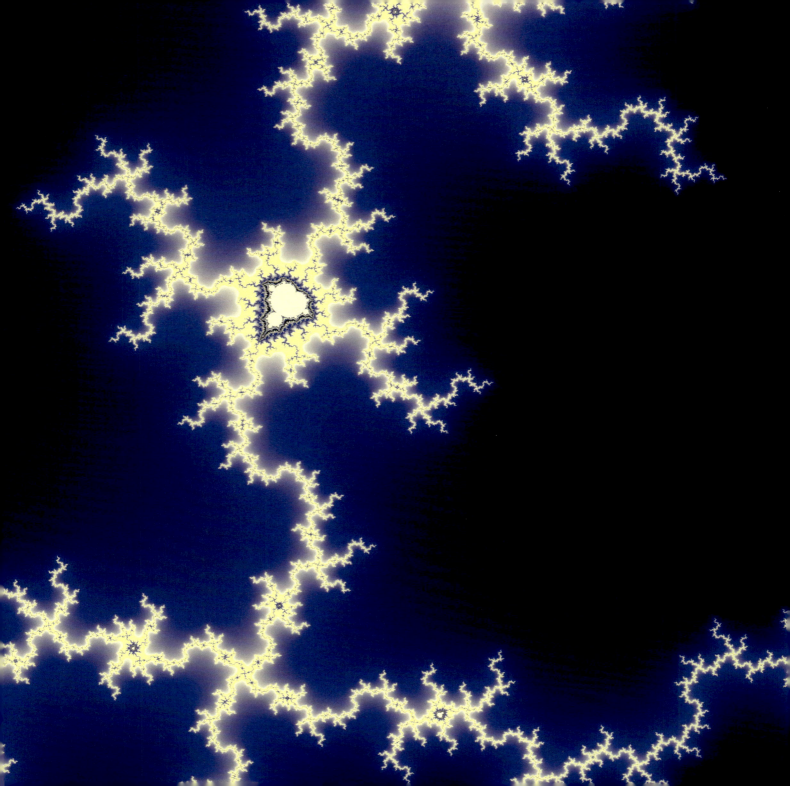

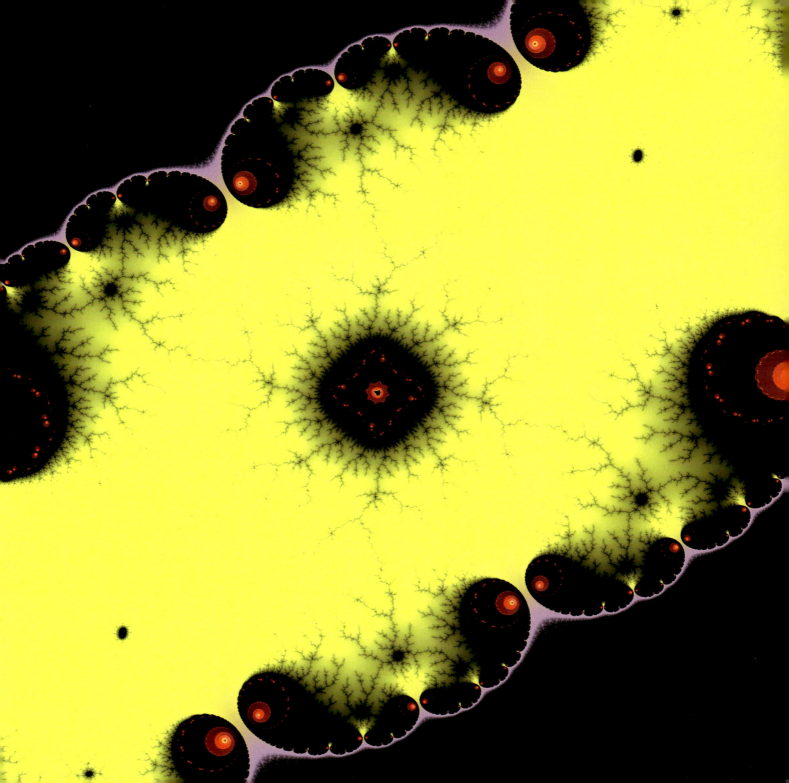

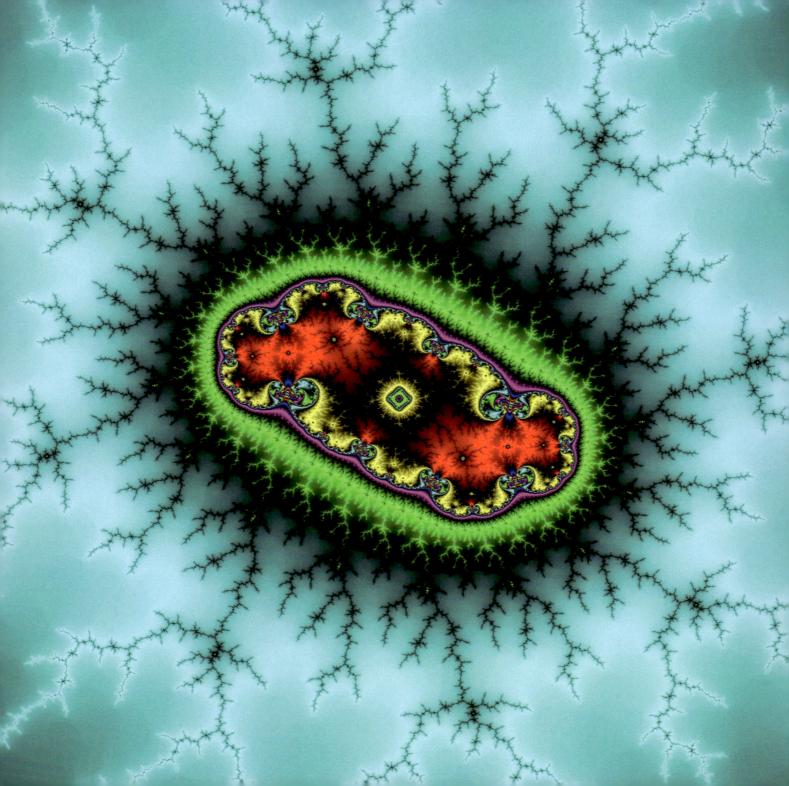

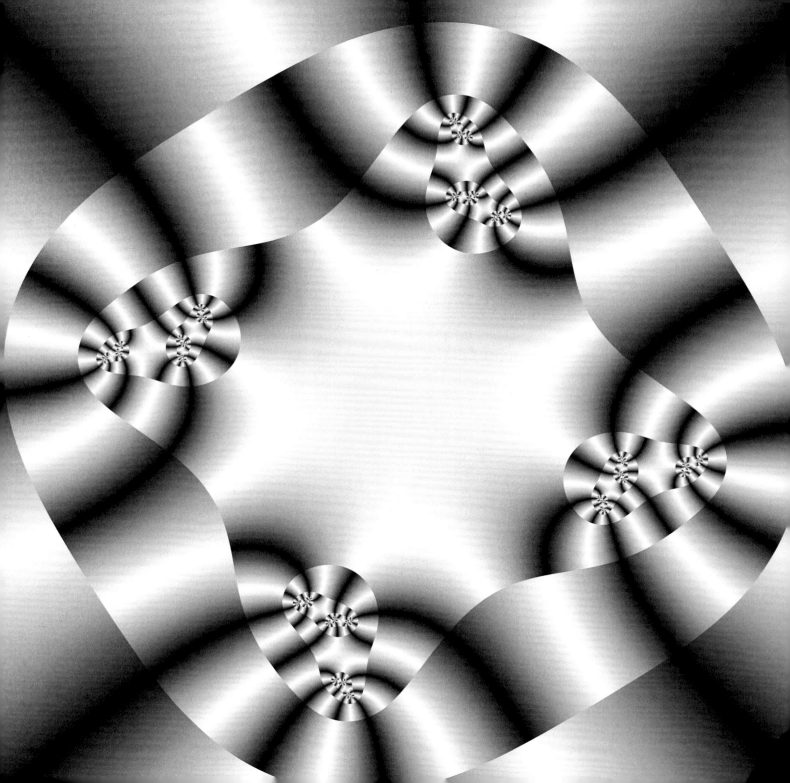

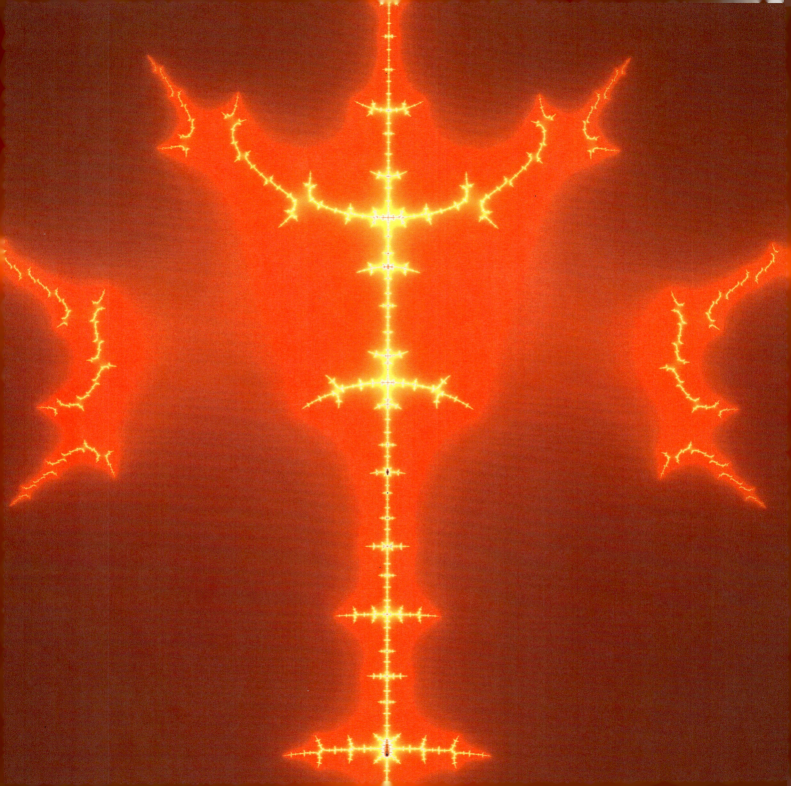

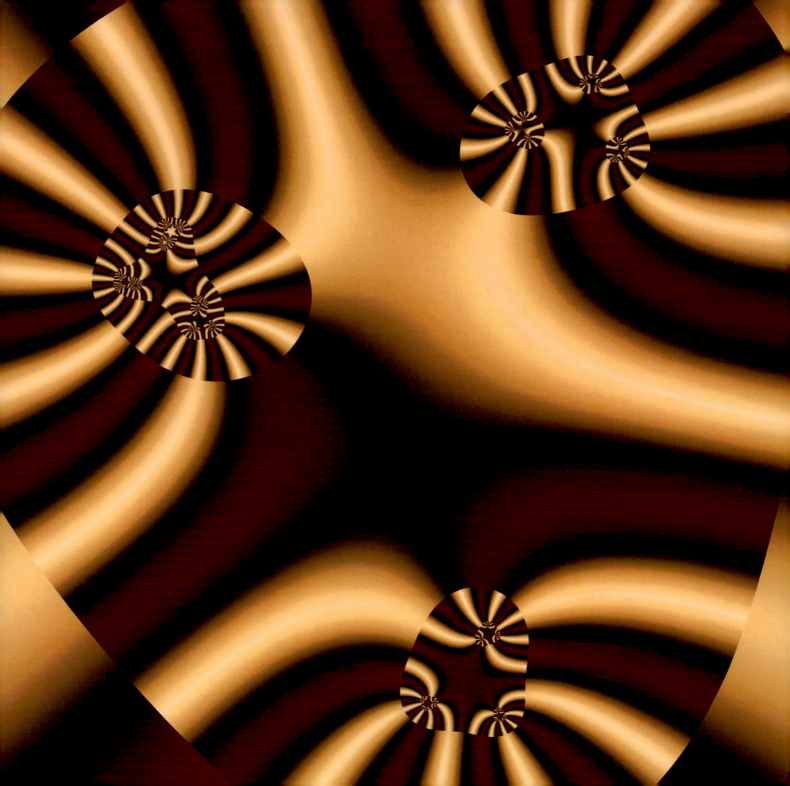

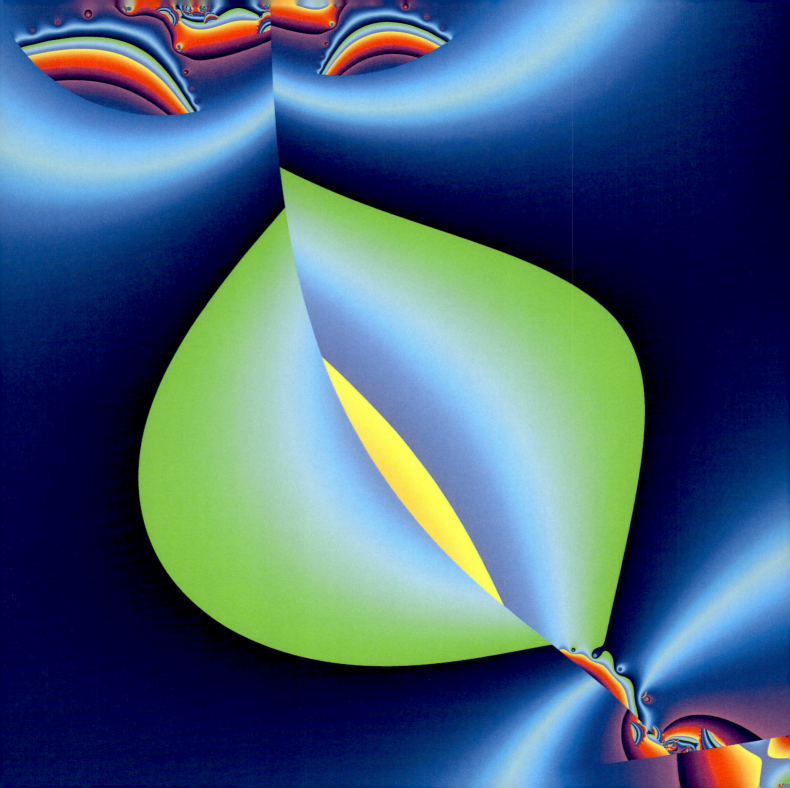

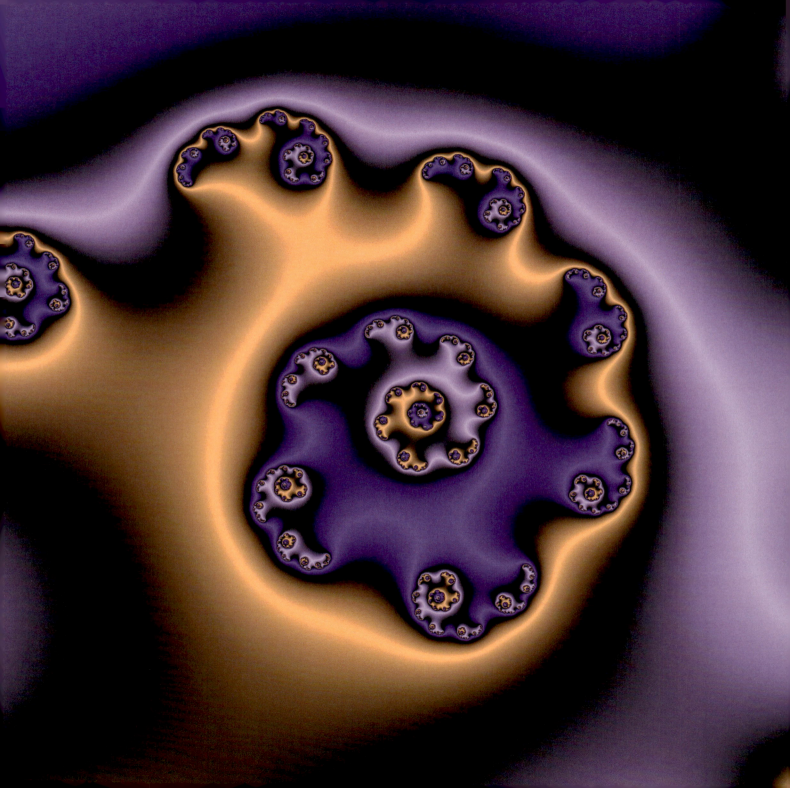

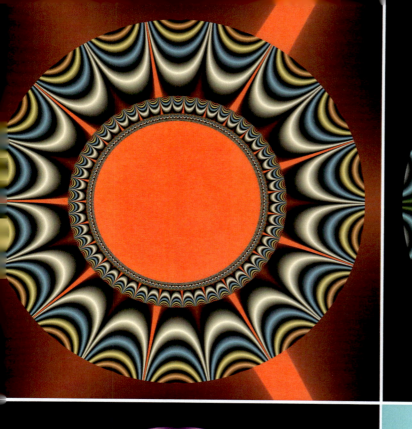

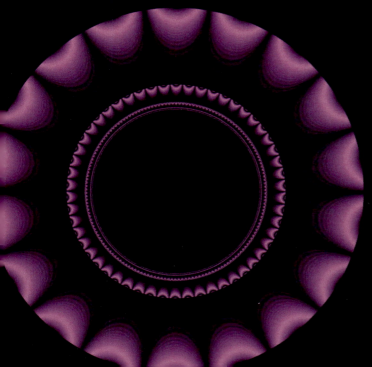
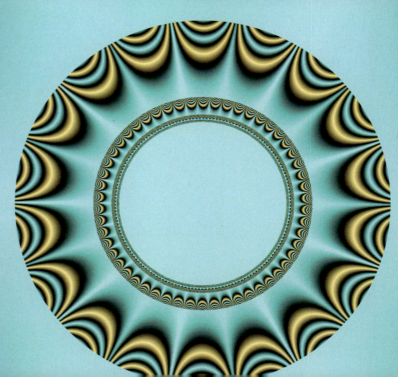